시의 벽에 기댄 나의 독백

이재설 시집

이재설의 아름다운 우울

月刊文學 출판부

| 자서(自序) |

때 묻지 않고 늙지 않는 소년의 시심으로

아름다운 고뇌를 담은 시를 쓰겠다.

카메라 렌즈의 조리개처럼 삶을 조명하면서

심도 있는 눈을 가질 수 있는 시인이 되도록 노력하겠다.

때로는 접사렌즈가 되고 때로는 망원렌즈가 되기도 하겠다고

당선소감과 각오를 밝혔었다.

벌써 16년이란 세월이 스치듯 지나갔다.

그동안 필름도 카메라에서 멀어지고

시의 성향도 많이 변했다.

오직 애잔한 그리움과 외로움만이 진실인 냥

지금도 나를 지탱해주고 있다.

2019년 5월

이재설

차례

自序 003

1부

나를 키워준 것들 010
내 마음은 피아노 건반 012
안경과 나 013
폐가 014
담쟁이를 보며 015
파도 016
KTX를 타고 017
거미집을 보며 018
백지 위에 부는 바람 020
첫사랑 021
순천만 022
달빛 생각 024
다른 별에 나를 본다 025
작은 섬 026
소쇄원의 가을 028
지팡이 031
추적의 단서 032
노을, 논, 누룽지 033
꿈틀거리는 고요에 대하여 034
목탁 소리 036

2부

밀물 038
弘益人間理化世界 039
눈도 사람이 되면 040
민달팽이와 개밥 사이에서 042
모래의 여자 044
김제벌판에 기차가 섰다 045
때 046
매미소리 049
설날 아침 050
지리산 051
바다에 젖 물리는 달 052
섬진강 뱃사공 053
낮달 054
새벽하늘 055
장마 056
백목련을 보며 058
상념의 영롱한 방울들이 059
코스모스 사랑 060
그리움의 정체 061
어머니의 외상값 062

3부

너 그리움의 자리에 서 있어라 064
자갈밭을 걸으며 065
콩게 · 1 066
콩게 · 2 068
내 그림자에 절을 하다 070
코스모스 071
민들레 072
소나기에게 손바닥을 맞다 073
별 나 그리고 어머니 074
그래—그래—오냐—오냐 076
그리움이란 병 077
검은 강 078
간이역 · 1 080
천관산 탑산사 가는 길 081
4월의 강가에서 082
두꺼비의 경고 083
능선 084
어지럽다 085
속골 형님 댁 086
사람아! 사람아 087

4부

고생대에서 온 편지 090
낙화암 092
붉은 바람 094
마음과 마음 095
함박눈 오는 날 096
물안개 097
미친놈 098
그래 푹 자거라 099
달과의 동침 100
새에게 101
벚꽃 102
벚꽃나무 아래서 103
손금 따라 흐르는 강 104
술병 가지고 노는 개 106
애벌레 107
세월이 가면 108
심안 109
아내가 시인 110
내가 나가 될 때 112
아내의 도마소리 113

5부

가을비 내리는 날 택시에서 116
초가을 소묘 118
구채구 국립고원지대 121
겨울 밤바다 122
꽤 오래된 오늘의 이야기 123
내 속에 부처 124
어떤 해후 126
보이지 않는 신화의 벽을 넘으면 거기 내가 있다 127
승화원(화장장) 128
핏줄이 당긴다 130
봄비 131
나비의 침묵 132
강마을 이야기 133
알고 보면 134
안개비 오시는 날 135
가을밤에 136
술 섬 137
아내와 다툰 날 138
나 여기 없다 139
열쇠 140
꽃들이 보는 세상 141

| 작품해설 |

무위(無爲)로 경작(耕作)하는 비움〔虛〕의 시·김현진 143

1부

나를 키워준 것들

두런두런 살근살근 주천강변
미루나무 그림자 떠먹고
아침 햇살에 선잠 깬
물안개 마시며 자랐다

시냇가 고기들과
숨바꼭질 하며
저녁노을 물들어 오는 강에
수제비 띄우며 놀았다

뻐꾸기 꾀꼬리 노래 소리에
장단을 익혔고
말매미 뻗쳐 우는 소리에
푸른 꿈 멀리멀리 실어 보냈다

산모퉁이 돌아가는 강물을 보다가
송아지 울음소리에 그리움을 알았고
시끌시끌 여울물 소리 자장가로 들으며

오색빛 꿈나라로 달려갔었다.

* 태백에서 태어났으나 일찍이 영월로 이사하여 초등학교 5년까지 유년을 서강 상류인 주천강변 강마을에서 성장하였고 다시 태백으로 옮겨와 중·고등학교를 다녔다.
그 인연으로 내 가슴엔 물보다 맑고 연탄처럼 검은 두 강이 흐르고 있다.

내 마음은 피아노 건반

내 마음은
피아노 건반
두드리는 사람 손 끝 따라
다른 소리를 낸다

천연무위의 음률을
가슴 깊이 간직하고 있지만
나만의 소리를 내지 못한다

향기롭지 못한 손이
원치 않는 건반을 두드려도
그의 파장으로 울리고 마는

내 마음은
나를 연주하는
바로 당신의 것입니다.

안경과 나

나 보고 싶은 것만 보아주느라
애쓰는 안경에게 가끔은
너 보고 싶은 것만 보라고
두 손으로 높이 받들어 들고
이리저리 두루두루 빙빙
세상을 돌려주고 나면
네 맑은 눈으로 보는 세상이
궁금하기도 하지만
나는 알려하지 않네
가끔은 너도 나를 눈감아주시게.

폐가

폐가는 왜 지붕이 무너질까
발 없는 그리움과 손 없는 공허에
숨이 찼던 것이다
하늘이라도 보고 싶었던 것이다
마침내
지붕을 버리고
바람을 불러들이고 비를 불러
수직과 수평을 지우려는 것이다
다 버리고 납작하게 누우려는 것이다.

담쟁이를 보며

평지에서 어지럼증을 느끼는 생명이 있다
절망을 기회로 만드는 특별한 비결이 있다
절벽은 높고 가파르고 넓을수록 축복이다
그곳은 평화의 땅 난공불락의 마추픽추다
남을 밀어내기보다 자신을 혹독한 환경에
적응시키는 처절한 너의 인내는 눈부신 개척이다
밟히는 걸 참지 못하는 고고한 너의 품성이다
현기증에 떠는 바람의 공포를 짜릿하게 즐기며
전율하는 너의 감성은 허공을 지배하는 너의 경지다
구석구석 실가지 어느 한 줄기라도
소홀함이 없는 원활한 소통은 한 뿌리의 긍지다
덮어주고 감싸주고 시멘트벽에도 숨길을 불어넣어
푸른 생명으로 한 몸이 되는 너는 부활이다
밤이면 유난히 반짝여주는 별무리
알 수 없는 기억을 따라 오르는 너의 좌표는
이미 은하에 닿아 있다.

파도

어제 저녁 내 노을빛 상념을 입질 없이 덥석 물고
밤새 어둠을 들썩이며 펄떡이던 파도가
어스름 아침에 곱상하게 그리움인 듯 아쉬움인 듯
손사래 치며 따라오지 마세요 따라오지 마세요

나를 만나러 가는 여인의 뒤를 따라가 본 적이 있다

정황은 다르지만

같다!

밤새 닦아놓은 반들반들한 가상현실 같은 새 땅에
낯선 행성에 온 듯이 첫 발자국을 남겨 본다
조금은 두렵기도 미안하기도 자격은 있기나 한지

가로등 불빛에 어렴풋이 보이는 모래사장은 상념처럼 얽힌
발자국들을 촘촘히 엮어서 남실남실 파도가 되어 주었다
파도의 중심에서 바람을 일으키고 그 바람에 철썩이는 나는
파도라고 물결무늬바람이 스쳐가며 일러주는 말을 듣는다.

KTX를 타고

차창에 빗물이 수평이동을 한다
꼬리를 팔랑이며 올챙이 떼 몰려간다
곧 개구리 소리 요란하겠다
속도가 투명한 터널을 만든다
덮치는 터널에 내가 곤충채집 당하는 것 같다

눈도 맞추기 전에 돌아서는 풍경들
안개 뒤에 흐린 기억 먼 산이 아직은 정겹다
아들아 너희에겐 자리 잡을 추억이 없겠구나

짧은 터널 지나가듯 휙 두려움이 스쳐간다

내가 가는 그곳이
나보다 더 빨리 멀어지고 있으면 어쩌나
너의 기다림마저 멀어지면 어쩌나
달리는 말에 채찍질하는 심정을 알겠다.

거미집을 보며

화단의 나무와 처마 사이 거미집에
가을 햇살이 아이들처럼 논다
외줄 타고 주르륵 미끄러지기
촘촘한 트랙을 할딱거리며 돌기
늘어진 줄에 앉아 그네 타기
벌러덩 누워 줄파도 타기
끊어진 줄에 매달려 타잔놀이 하기

바람이 불어 출렁일 때마다
생의 기억들 모두 비워버린
가벼운 주검들도 펄럭인다
치밀하게 이어진 정보의 네트워크
알주머니 가득 태교가 한창이리라
설계보수하기 기다리기 흔들기
돌려 감기 마취시키기

그림자 같은 적막이 달라붙는다
세상의 틈 사이 아슬아슬하다
차츰 촘촘해지는 거미의 세상

조그만 바람에도 세상이 끝날 듯 흔들린다
변해야 산다고 엉거주춤하면 죽는다고
서로서로 거미줄 치며 하는 말.

백지 위에 부는 바람

백지 위에 까만 바람이 분다
내 상념에 바퀴를 달고
하얀 벌판을 바람으로 굴러다닌다

바람은 생각이다
잡다한 생각의 이동이다
내 마음 한 구석 조금만 비어도
내 마음 어딘가에 구름만 끼어도
바람은 때를 놓치지 않는다

바람은 늘 곁에서 서성이다가
갑자기 불러서 급히 달려 온 듯
생색을 내며 내 등을 떠밀어낸다
그것이 바람의 사는 비결이다
그것은 내 바람의 배설이다.

첫사랑

청보리밭에서 불어오는 바람
독사의 가슴도 설레게 하는
절대순수란다

정지된 시간
그림자만 길어지는
절대모순이란다

그가 말했다
아침 이슬방울도
소용이 없더라고

흙이 되고 돌이 되어도
안에서 자라는 뿌리
살아도 죽어도 해독되지 않는
절대 독(毒)이더라고…….

순천만

눈치를 챈 사람은 안다
우주의 숨소리조차 감지되는
이곳은 거대한 안테나라는 걸

대지의 구석구석을 더듬는
촉수들의 파장이
허공에 남긴 철새의
지문도 저장한다는 걸

나의 시선
숨겨놓은 마음도 자유로울 수 없다
수로를 건너는 바람의 몸짓
살며시 문을 여는 고막의 예감
흑두루미 외발의 침묵
저 별의 상처
달의 뒤통수도 예외일 수 없지

속살까지 벌겋게 비춰보던 태양도
제 본 것 다 불어버리고

휴~ 뻘낙지 뒷다리 잡고 숨는 곳

갈대가 어둠의 냄새를 맡을 때면
갯벌은 들썩들썩 생사를 버무리고
검은 바다는
별 껍질을 살며시 뱉어낸다.

달빛 생각

창틀까지 들고서 어머니 보름달로
옛 방에 드셨다
술 좋아하는 아들걱정 급하셨나요
세상을 바꾸셔도
근심걱정은 버릴 수 없으셨나요
다시 올 수 없는 그 머~ 언 길을
근심! 걱정! 징검다리 급히-급히 오셨나요
어머니! 저 지금
까무룩 스며들고 싶어요
어미 품 떠나온 햇강아지처럼
간절하고 절박한 그리움에
이 밤을 조용히 견뎌낼 수 없겠어요
먹먹한 절절함이 달빛에 울렁이어요.

다른 별에 나를 본다

뜨락에 서서 별을 바라본다

한 사나이가
사립문 앞에 서서
별을 보고 서 있다

알 수 없는 그리움

수만 광년의 거리에서
파아란 별을 동경하던
기억으로 되살아나
영상처럼 겹쳐 오는데

천고의 뒤에 나는
어느 별의 파아란 뜨락을
밟고 서 있는
한 사나이를 바라보고 서 있을까…….

작은 섬

바다에 종기가 난듯
돋아 오른

작은 섬

어디가 아프니
몹시 가렵니
습관처럼 외롭니

걷잡을 수 없는 변화의 파도에
너도 파도로 뒤척이니

그저

너와 나의 거리가 멀다는 막연한
생각만으로 너를 보지 못하고

내 불면의 피곤함이
멀고 아득한 동경 같은 그리움이

여기

또 다른 작은 섬 하나

추억인 양 돋아나고 있단다.

소쇄원*의 가을

천년 푸른 이끼 위를 흘러내려와
바람 벗하여 오곡문(五曲門) 들어선 계류
손바닥의 생명선 같은 바위선 따라
부드럽고 유연한 폭포를 이루고 또 한 줄기는
나무의 홈을 타고 계곡 건너 연못으로 흘러들어
물고기와 노닐며 세월을 기다린다

대숲에 부는 바람은 세속의 명리를 걸러내고
시원한 한 잔의 물 같아 마음까지 깨끗하고
천년을 굽어보는 노송은
손님을 맞는 주인의 정중한 기품이 배어있는 듯
민물처럼 맑은 햇살이 빨간 홍시에 빛나니
쪽빛하늘에 감등이 한낮 정원을 밝혔네

양지바른 애양단(愛陽壇)
다람쥐 눈빛에도 가을기운이 어리고
곧추세운 꼬리가 붓털처럼 곱다
폭포 아래 웅덩이에 물고기들은 옹기종기 모여서
겨우살이 의논을 하는 듯 하고

나무들은 서로의 체온을 느끼며 어깨를 기대이고
가을 시 한 편 한 편 계류에 띄운다

광풍각(光風閣) 제월당(霽月當)
세월의 구비고비 돌고 넘다가
어렵게 되돌아와 툇마루에 앉은 듯
감회와 가슴 벅찬 오묘한 심적 조화가
자연과 절묘하게 어우러지는 여기서

청량한 새소리 물소리 바람소리에 눈을 감으니
이 몸은 지금 어디에 있나
바람은 천년의 끝을 잡아 불어가고
물은 천년을 담고 흘러가는데
임들의 운율은 나를 실고가 천년을 되돌려 놓네

아! 여기는 자연과 사람이 엮은 완벽한 한 편의 시!
물방울 하나 잠자리 날갯짓마저도
한 획으로 쓰이는 여기
사람은 시를 짓고 자연은 시를 읊는 여기

나그네들이여! 여기를 와 보라! 되돌아보라!
그리고 맑고 깨끗한 한 획이 되어보라!

* 소쇄원 : 전라남도 담양군 남면 지곡리에 있는 정원.
중종 때 소쇄옹 양산보가 건립하여 은신하였던 곳이다.
정원에 소나무는 사람들의 손길이 너무 지나쳐 지금은 고사하고 없다.

지팡이

비스듬히 기운 불안이
서로를 지그시 의지할 때
비로소 근육이 되고 뼈가 되었다
지팡이가 감당했던 무게의 각도
지팡이 끝에 닳아진
어머니의 경사가
코가 땅에 닿을 비탈길을 넘었다
어머니 발자국 닮은 지팡이가
구석에 기대서서 그리움이 되었다.

추적의 단서

내 겨드랑이 밑에선 걸을 때마다
귀뚜라미 소리가 난다
가을밤 공원길에서 달의 밝은 음성을 듣는다
놋대야 먹물 속에서 개가 달을 먹어치웠던
그 달이 개의 창자 속을
무거운 쇠구슬 빠져나오듯 굴러 나와
나에겐 그런 일 없었다고……
그래 그 할아버지 입 닫으셨으니 없던 일로 하지
내 너에게 비밀 하나 들려줄게
진심이 담긴 따지 않은 술병은 최초의 우주라는 것
하나 더 알려줄까?
구름이 물의 생각이라면 우주는 나의 생각이란 것
쉿!

노을, 논, 누룽지

저녁노을
가을 들녘에서
노오란 바람이
고실―고실 불어온다

쩌―억!

가마솥에서
누룽지
어머니 손잡고
벌―떡
일어나는 소리
들린다.

꿈틀거리는 고요에 대하여

내 의문의 고요가 무한의 고요와 겹치듯

스며들어 하나인 듯 둘인 듯 같다

어둠도 밝음도 색도 형상도 아닌 것이

무엇이고 다 될 수 있는 꿈틀거림은

고요가 고요의 알고 있음을 서로 안다

고요 속으로 깊이 들어가는 듯 다가오는 듯

느낌은 초월이나 파동은 형식이다

갈 것도 없고 올 것도 없다

답이 질문을 만드는 수고로움은

구름 불러 천둥번개 치는 것

알려하지 않음을 안다! 그저

됐다!!! 됐다!! 됐다! 됐다.

목탁 소리

저 소리는
내 심연에 떨어지는
물방울 소리
그래 거기서
뿌리 내려라
잎 띄워 물방울 굴려라
꽃대 밀어 올리면
그 꽃에서
투명한 날개 쉬며
우주를 굴리는
몸통보다 큰
눈을 만나게 되리니
그 눈망울에 어리듯 스미어
그리운 동그라미의
나른한 오후 미소가 되어라.

2부

밀물

—겨울바다에서

어머니 홍두깨 밑에서
쭈—욱 쭉 늘어나는
국수반죽처럼
바다가 늘어나고 있다

국수반죽 위에 훠이훠이
서룬 눈발 밀가루 뿌리신다

한이 많은 우리 엄니
수평선에 앉아서
꾹꾹 눌러 굴리신다
홍두깨 굴리신다.

弘益人間理化世界

벚꽃나무에 등 기대서서
지긋이 눈 감아보라
삼현육각 풍악 소리 들리시는가
살포시 눈뜨고 그저 하늘을
하늘 닮은 마음 열고 바라보라
하늘에 피어난 꽃 몽실몽실 꽃
당신의 머리 위에 내려와
어사화가 된 꽃 보이시는가
오늘
그대의 장원급제에 떠들썩 들떠 있는
자연의 축복 소리 자릿자릿 느끼시는가.

눈도 사람이 되면

고봉밥보다 더 넉넉한 밤이었나 보다

바람보다 가벼운 것들이
온 세상을 다 덮어버리다니

못 이룰 것이 없을 것 같다

좁은 내 마당을 찾아온 순백의 인연이 고마워
동심을 굴려 사람으로 만들었다
아주 편안한 얼굴의 눈사람
모자도 씌워주고 꼭 안아주었다

해가 질 무렵
그늘 속에서 고뇌하는 한 사나이를 본다

사람의 형상만하면 왜
번뇌 망상에 사로잡히는 걸까

내가 감당 못할 죄를 지은 것 같아

그냥 눈으로 돌려보내주었다

나는 지금 그 사내가 그리워진다.

민달팽이와 개밥 사이에서

민달팽이 한 마리 개 밥통에 붙어 있다
남의 밥에 침을 발라 놓다니
나무 젓갈로 집어 휙 화단에 던졌었다

오늘 아침은 민달팽이 촉수가
사슴뿔보다 더 길다
촉수 끝에 눈알을 치켜들고서
두고 보자
너 두고 보자 주억거린다

젠장, 술기운 다 빠진 허약한 내 심성을
이놈이 제압하고 있다니!

그래! 저 화단에서 이곳까지
찐득한 연민의 맨살을 끌고
찬 시멘트 마당을 오체투지로 건너왔을
절박한 네 시간을 생각해 보마!
내 밥도 아니면서 너를 내동댕이친 죄
여물 먹듯 되새김질 해 보마!

천형이란 이런 것일까
너를 바라보며 겁먹어 주마!

안개 같은 후생이
찬바람으로 스며드는 아침이다
아마도 자그만 밥그릇 하나
따로 마련해 주어야 될 것 같다.

모래의 여자

——아베코보의 「모래의 여자」를 읽고

내 코에서는 술 바람이 퐁퐁 불어나온다
뒷짐을 지고 사구를 거니는 배부른 달빛이
난류처럼 실 모래를 타고 흘러내린다
모래의 숨소리가
거뭇한 판잣집의 속살로 파고든다
희미하게 입술을 움직이며
거기 한 여인의 알몸이 잠들어 있다
이 여인의 뱃속에 잠자고 있는 나
멀리서 들려오는 개 짖는 소리가 달빛에 섞인다
윤곽뿐인 지난날이 아련함 속으로 스며든다
내일이면 또 퍼 올릴 공평한 하루의 삶
산다는 것은 흘러내리는 것을
퍼 올리는 일일지도 모른다
습관화된 동작만이 생각에서 유리된 존재로 남는 것!
남을 것도 부족할 것도 없는 액자 속의 그림 같은 이곳
머리 위에서 먹이가 떨어져 내리는
수족관 같은 여기서 이미 모래가 된 이 여인과
살다가 살고 살다가 모래가 되는 날
바람을 따라 끝없이 흐르리라
나를 가두는 것은 아무것도 없다.

김제벌판에 기차가 섰다

지퍼를 열 듯
김제벌판을 달리던 기차가 갑자기 섰다
침울한 승무원들은 설명을 주저했고
승객들은 불평 없이 엄숙히 기다려 주었다

절망한 쭉정이 빈 가슴이
갈증나는 삶을 적시다
모진 철길 위에 몸을 던졌다

아! 핏빛 저녁노을 위에 날아오른
한 마리 가여운 새여!

식은 죽 껍데기 같은 수로의 물결에
내 눈이 아리다 아 아리다

새야! 가련한 새야
늙은 저녁노을 저 갈대숲 너머에는
새벽이 열리고 있으리니
이승의 아픔은 모두 이 어둠속에 묻어버리고
밝은 데로 밝은 데로 날아가거라.

때

—우포늪에서

1억 4천만년의 세월도
여기 신비의 우포늪에선
한 순간일 뿐이지

지금 내가 내게로 와
안개 같은 눈물을 흘리는 것은
한때 이곳
고추잠자리 유충이었을 때의
기억 때문이지
물밑을 기어다니며
먹고 또 먹던 때의
마침내 고추잠자리가 되어
하늘을 빨갛게 달구던 때의
기억 때문이지

또 한때
청머리오리였을 때
가슴으로 새 길을 내며

푸른 노래 부르던
기억 때문이지

생명의 길은 끝없는
먹거리의 길
사라지는 것들은
사라지는 것들을 먹으러 오고
보이는 것들은
보이는 것들을 먹으러 오지
신비의 우포늪은
잘 차려진 생명의 밥상
주인과 손님이 따로 없지
먹여주고 먹는
떠들썩한 영원한 처소

내가 지금 나에게로 와
안개 같은 옛 먹거리를
떠올리는 것은
한때 쇠우렁이 때의

기억 때문이지
물밑을 기어다니며
먹고 또 먹던 때의…….

매미소리

무더위를 피해 당산나무 그늘을 찾았다
정겨운 벗과 기회처럼 잔을 재촉하니
매미들 합창도 더 흥겨워진다

마음!~ 마음!~ 마음!~ 마음!~
음~ 마음!~ 마음!~ 마음!~ 마음!~

마음—마음이라고 외치는 것 같지?
술이 거나한 친구가 피식 웃으며
내 귀에는 에이씨—에이씨로 들리네
기다리고 기다렸는데 겨우 이거냐?
씨벌—씨벌하고 욕하고 있네

한바탕 웃고 또 웃고 웃다가
마음—마음—마음 씨벌—씨벌—씨벌
우린 서로 다른 매미가 되어 매미들과
불쾌하게 합창을 했었지……

친구야! 잘 있지?

* 매미 종류마다 서로 다른 12종류의 매미소리가 있다고 함.

설날 아침

왁자지껄 마당에 참새들
화들짝 놀란 듯 어디론가
갑자기 떼 지어 날아간다

소문 한 번 참 빠르다
아마도 누군가
세뱃돈 두둑이 주고 있나보다

내 손 꼭 잡고서
세월도 덩달아서
날개 달고 따라간다.

지리산
—문학기행을 다녀가며

구불 돌아 구불구불 또 구불
깊이깊이 비릿한 내장 속 깊이
돌고 돌아 겉돌고 겉돌아
겉돌다만 나가네

"서운했제… 내 니맘 다 안다"
뒤 따라 내려 온 계곡물 소리
"네 마음 빈 논에 불 지르고 싶을 때
그때 또 오니라"
어둑히 멀어지는 산자락이 손사래 친다

"미안하다! 미안하다!"
"부끄럽다! 부끄럽다! 부끄럽구나!"
붉은 노을 구름 뒤에 숨어서 울음 참는 이여
눈시울 붉은 이여 내 가슴
먹먹하게 두드리는 이여 당신은
누구십니까? 당신은 누구십니까…….

바다에 젖 물리는 달

바다여!
달이여!
구름이여!
겨울 백사장을 홀로 걸어간
개 발자국이여!
난 거기 앉아
바다에 풍만한
젖 물리는 달을 보았지
날름날름 젖을 빠는 혓바늘 돋은 혀!
저 허공에 발발 떠는 작은 조막 발!
나도
누워서 파닥이며 젖을 빨았지
온통 붉은 젖바람이었지.

섬진강 뱃사공

지금은 없지만
아니 달라졌지만
가까운 옛날에
섬진강 노 젓는 뱃사공은
사람을 실어 나르거나
재첩을 잡으러 가면서도
큰 할 일이 있었지
물에 떠내려 오는
푸른 단풍 붉은 단풍을
고루고루 섞어서 바다로 보내는
노 젓기였지
그래서 단풍 들은 바다에
부끄럼 떨치고 스며들 수 있었지.

낮달

있는 듯

없는 듯

스민 듯

회색빛 꿈을 꾸는 시간.

새벽하늘
——별들의 탄생

새벽하늘에
뽀얀 구름 떼
그 사이사이
별들 총총 빛난다

강원도 양양 남대천
산란기 연어 떼가
뿌옇게 뿌려놓은 정액 속에
동동동 떠 있는 연어 알들

우주에 별들
밤사이 또 저렇게 잉태 되었구나.

장마

—홍수

거칠 것이 없는 벅찬 두려움이다

전리품을 잔뜩 싣고 가는
위풍당당한 저 행진
개선장군의 행렬이다

거대하고 역동적인 벨트컨베이어다

다급하게 들리는 강변 풀벌레소리들
속절없이 떠오르는 곤충무리
곤충을 삼키는 물고기 떼의 광란적 만찬
그 물고기 떼 위에
투망을 던지는 사람 구경꾼들의 함성소리
물 건너 농부의 두려운 발길이
강둑을 서성이고
생사의 촘촘한 그물이 덮쳐오는 두려움

시커먼 구름 떼 급히 상류로 몰려가고
멀리서 천둥소리 가까워지고 수상한 바람

하늘이시여 저희의 잘못이 많사옵니다
오! 저 황갈색의 분노를 멈추게 하여 주소서.

백목련을 보며

순백의 당신 곁에서
나 슬퍼하는 건
당신의 백자에 내 무늬를
넣을 수 없기 때문입니다

얼룩진 당신의 번뇌에
내 상념이 깊어지는 건
내 마음이 당신보다
새하얗기 때문입니다

가을노래 부르며 봄길을 걸어도
봄노래 부르며 낙엽을 밟아도
당신과 내가 안다는 것은 이제
아무렇지 않아야 한다는 것입니다.

상념의 영롱한 방울들이

길을 가다가 우연히 스치는 많은 사람들 중에 한 얼굴
끔찍 놀라듯 확 솟아나는 기억
꽤 오래된 묻혀진 세월 속에서 갑자기 벌떡 일어선 사람
그러나 그가 아닌 그 닮은 사람
온탕에서 물안개로 피어오르는 뜨거운 김을 본다
그가 살아나서 그의 지난날을 안개처럼 보여준다
나 떠난 후 나의 기억을 공유했던 또 다른 그가
나닮은 사람을 발견하고 나를 생각 한다면
나는 다시 살아나 어떤 모습으로 그의 기억에 숨 쉴까
나닮은 나를 만나서 나를 그려보니 참 흠이 많다
상처 입은 기억들을 온탕에 따스하게 데워본다
탕 천장에서 수많은 기억들이 방울져 영롱하게 반짝이고 있다
하늘에 별들도 서로 스치다 보다 생각하다
아마 그리 됐을 것이다.

코스모스 사랑

수줍은 듯 야한 듯
하늘하늘 가는 모가지
은혜내리듯 사뿐히
나비 내려앉으니
낭창 휘청 사랑 무게
아찔 주저앉을 뻔한
아!
저~
빈혈 같은 사랑!
한 번 해 봤으면.

그리움의 정체

그리움의 발자국을
조심조심 따라가다 보니
그도 왠지 알 수 없는 길을 가고 있는 듯
머뭇머뭇 머뭇거리다 다시 가네

앞서 가는 그리움은
또 다른 그리움의 뒤를 따라가고 있을 뿐
얼마나 왔을까
잠시 뒤돌아 본 순간
아!
내 떠난 자리에서
또 다른 그리움이 손짓하고 있네

그래, 그랬구나!
언제나 나를 사로잡는 그리움들은
서로의 뒤를 따라가며
그리움의 동심원을 맴돌고 있었구나
그리고 그 중심에는
내가 있었고
그리움의 정체는 바로 나〔自我〕였었구나.

어머니의 외상값

동창회 갔다 오면 어머니께서 꼭 물으신다
"남정대 왔드나?"
"예"
"게 보면 즈그엄마 외상값 갚으라고 그래라"
"내 생선 물 좋은 것 갖다 먹고 외상값 떼어먹고 서울로 이사 갔다"
30년 전 외상값
그 집 노량진역 뒷골목 대폿집에 어머니와 찾아갔지
손님은 없고 두 분은 반가워 죽고 못 살고
외상값 받으러 갔다가 술만 얼큰하게 팔아주고 왔지
그 뒤로 10년 동안 동창회 갔다 오면 또 외상값 이야기
어느 날 친구에게 말했지
"정대야 너 엄마 외상값 네가 갚아라 너도 먹었다"
"아 그래? 미안해 얼마야?"
"7백 8십 원이래"
이자까지 8백 원 동전으로 어머니께 전해드렸다
그 뒤로 어머니는 애써 동창회에 관심이 없으셨다.

3부

너 그리움의 자리에 서 있어라

너 거기 옛 풍경처럼
서 있어라 그리움의 자리에

내 작은 가슴이
황량한 벌판처럼 허허로울 때

온 우주를 담는 내 눈이
한 방울의 눈물을 감당 못할 때

신호등 없는
호젓한 숲길이 나를 부를 때

너 거기 옛 풍경으로
아련한 듯 다정한 듯 서 있어라
내 그리움의 자리에.

자갈밭을 걸으며

자갈밭은
조심스레 걸어도
소리가 난다

눌리고 밀리며
앙다무는
야무진 소리

지친 발 끌기라도 하면
덧난 상처 건들린 듯
자지러지며 구른다

걸음을 멈추면
요란하던 소리들
한순간에 사라진다

조금은 엄살스런 자갈
나 닮은 무리들이 모여 있는 곳
눈으로도 걸어보고 귀로도 걸어본다.

콩게 · 1

남해 송정 바닷가
썰물 떠난 모래벌판에 수많은 구멍과 모래구슬들
궁금해 다가가 보니
모래바람이 빨려드는 듯 한순간에 사라진다
숨죽여 가만히 서 있자
숨바꼭질하듯 살금살금 기어 나오는
정말 콩알만 한 작디작은 콩게들

장난기가 동하여 갑자기 다가가니
혼비백산해서 난리법석이다
미처 숨지 못하고 죽은 척 꼼짝 않는 녀석 톡 치니
어라 요놈 봐라
하야가슴 발딱 세운다
집게발 한껏 치켜들고 한 번 해 보자는 것이다
햐아아~
그래 어디 한 번 해 보자

좌로 도니 좌로 돌고 우로 도니 우로 돈다
집게발 치켜들고

내 일거수일투족에 빈틈없이 응수한다
좁쌀만 한 녀석의 눈 속에 꼼짝없이 갇혔다
이제 세상천지에 요놈과 나의 대결뿐이다
아니 괜히 건들어서 진퇴양난이다
이놈의 기상이 점점 섬뜩해진다
나는 그만 행동을 멈추고 눈을 감았다

그래 그랬구나!
이 땅의 주인이 누구인지 알겠다
참으로 대단하구나
파도에 휩쓸려 부서져도 짓고 또 짓고 지켜온
이 땅에 와서 너희를 희롱한 내가 부끄럽구나

살며시 눈 뜨니 녀석은 가고 없고
비로소 하늘이 보이고 바다가 보인다
하~ 하~ 하아~ 갈매기 탄성들이 들려온다
세상은 나에게 또 다른 의미로 다가오고
지금 콩게의 전설 하나 시작되었다.

콩게 · 2

—남해 송정에서

송정리 바닷가 모래 갯벌에는
철학자 같은 콩게들이
별보다 많이 산다

조심스레 이들의 삶을 들여다보면
제 한 몸 쏙 들어갈 집 하나면 족해
투기꾼도 없고 떴다방도 없다
거듭되는 삿대질
이당—저당 오가는 철새정치꾼 없어도
은밀한 언어 몸짓으로 번성하고 번성한다

앞집 뒷집도 다 옆집이고
이웃끼리 차별도 없다
하얀 가슴 서로 안고 춤추며 사랑도 한다
모래에 스민 바다의 이야기 입안 가득하고
안테나 같은 눈으로 온 우주가 들어오니
더 클 것도 없다

홀로 떨어져 생각하는 녀석 있어 지켜본다

자녀교육문제, 카드빚은 없으니
단조로운 축복에 감사기도 드리는 중일까
저 멀리서 오늘 하루 덮으며
갈매기 소리 따라 밀물이 들어온다
서둘지 않아도 되련만
모두 집 속에 들어가 조용히 명상에 잠긴다
어린 것들도 이미 우주의 이치를 알고 있는가 보다

삶이란 제 한 몸 온전히 간수하는 일
아직도 얼쩡거리는 나 닮은 녀석 있기에
툭 쳐 놀래주고 집으로 돌아오면서
멀어지는 콩게의 집들이 더 아늑해지는 건
내 마음 갯벌에도 콩게가 살고 있기 때문일까…….

내 그림자에 절을 하다

숲은 거룩한 그늘로
나를 편안하게 해 주지만
늘 제자리에만 서 있다

산행에서 돌아오는 길

우두커니 서 있는 전신주
표정 굳은 시멘트 그림자도
나를 따라오지 않는다

걷던 길 문득 뒤돌아보니
들킨 듯 엉거주춤 서 있는 내 그림자
정겹고 고마워 넙죽이 절을 하니
그림자도 황급히 돌아서서
길에 공손히 절을 한다

길이 벌떡 일어나 앉는 것을 본다.

코스모스

쪽빛 하늘 저쪽
머언 먼 우주를 향하여
위성 안테나를 활짝 편 너

끝없는 우주의 재갈대는 속삭임들

벌은 짧은 혀로
재미있는 이야기
빠른 정보를 수집해 가고
나비는 긴 혀로
가슴 깊이 묻어둔 이야기
비밀한 사연을 담아 가는구나

코스모스야
어린 시절
밤하늘 눈부시게 빗금져 날던
그 꼬리별 어디쯤 날아가고 있는지
내 별은 아직도 그 자리에 있는지
오늘밤 꼭 알아 놓아주렴.

민들레

나는 보았네
가장 낮은 자세로 길거리에
허가 없이 노점을 펼친 어머니
청상과부 남들은 시답잖게 보아도
스스로 소중하시어 꼭꼭 잠근 문에
숟갈총 거꾸로 끼우시던 어머니!

내 마당에 민들레
꽃대가 말라비틀어져 바닥에 누워서도
겨우 겨우 꽃받침 받들고 버티는
이 처절한 모성 앞에 무릎 꿇고서
나는 바람이 되어 어머니! 어머니!
하늘 멀리 후우~ 후 후~ 우~ 후
날려보내 주었습니다.

소나기에게 손바닥을 맞다

그저 소낙비 손바닥에 받아보자고
기와지붕 처마 끝에 두 손 내밀었다
제법 묵직한 간지러운 촉감이
지난시절 추억들로 튀어 올랐고
소나기도 신난 듯 소리 더 높이더니
어느 순간부터인가
시리게 아려오는 손바닥을
이놈! 이놈! 하더니
이놈아! 이놈아! 매섭게 때리신다
저릿한 아픔이 속속들이 배어들고
잊었던 설움 말 못할 억울함도
때로는 어쩔 수 없었다고
그것이 내 탓만은 아니었다고
아린 두 손바닥을 빳빳이 뻗어보았다.

별 나 그리고 어머니

초저녁이면
대문 옆 대추나무 가지 끝에서
남달리 나를 보아주는 별 하나 있다

그래
우리 서로의 별이 되기로 하자
너와 나 사이에
둠벙 닮은 작은 하늘연못도 하나 파 놓고
반석 위에는 막걸리 주전자도 놓아두면 좋겠다
그날 이후 너는
내 어둠에서 빛나는 또 하나의 마음이 되어주었다

청상과부 울어매
시린 새벽바람으로 먼 길 떠나신 날
뒤란 처마 끝에서
작정한 듯 빛나는 별 하나 있어
저 별은 어머니별이라고 눈물로 영접한 후

부질없이 뒤척이는 어머니의 뜨락에서

바라본 별이
위치만 바꿔 앉은 같은 별이란 걸 알았을 때
아! 알았을 때

순진 무지한 저 별의 체온을
엄숙한 영혼의 다사로움인가
내 참회의 아린 아픔인가
그저 먹먹히 바라만 보았습니다

별과 내가 잇닿은 곳에
늘 우리의 내력이 머~ 언 전설처럼…….

그래—그래—오냐—오냐

당산나무 잔가지에 보름달이 볼 비벼주신다
그래—그래 오냐오냐 글썽글썽 글썽이신다

차디찬 실가지가
설음인 양 어른거린다

그래그래—그래그래 오냐오냐—오냐오냐

무릎에 얼굴 묻고 훌쩍이는 딸자식

청상과부 막막한 가슴 등 토닥여주며

글썽글썽 글썽이는 자박자박 무른 눈

잠든 척 실눈 사이로 일렁이던 호롱불

먹먹한 부엉이 한숨이 울먹이던 겨울밤이

그래—그래—오냐—오냐 그래그래—오냐오냐…….

그리움이란 병

중증이다

비가 오면 저려온다
눈 내리면 저미어온다

집터마저 강 따라서 흘러간 그곳

이제 남은 두가구 중 한 집만 옛사람
그 이웃집 툇마루에 걸터앉아서

오늘아침에 떠나 온 집이
벌써 아득히 그리워지는 이 몹쓸 병!

그나마 위안인 건 나보다 먼저 떠났던
뒷집 오남매가 번갈아가며
옛 집터에서 서성이다 간다는 소식

그들이 또 울컥 그리워진다.

검은 강

그림자를 품지 않는 검은 강이 있었다
그 강에는 산도 구름도 드리울 수 없었다
검은 땀 검은 눈물을 흘려서 웃는 치아가
새하얗게 빛나는 사람들이 강물보다 짙은 삶을
그 강에 풀어내곤 했었다
그 강이 점점 엷어져 갈 때 검었던 사람들은
하나 둘 그 강가를 떠나갔다
흑지의 내 고향 장성탄광(태백)
절박한 삶들이 피난행렬처럼
첩첩산중으로 모여들어 초라한 짐을 풀고
지하 수 백 메타를 파고 내려가
목숨 걸고 퍼 올렸던 태백의 검은 심장!
그 심장이 뜨거워질수록 점점 검어져야했던
낙동강의 상류!
너로부터 외로워 혼술에 흠뻑 취한 날이면
짙어진 가슴에 얼비치는 익숙한 얼굴들
몽환처럼 아득히 흐르는 내 위안의 검은 강.

* 태백에서 태어났으나 일찍이 영월로 이사하여 초등학교 5년

까지 유년을 서강 상류인 주천강변 강마을에서 성장하였고 다시 태백으로 옮겨와 중 고등학교를 다녔다. 그 인연으로 내 가슴엔 물보다 맑고 연탄처럼 검은 두 강이 흐르고 있다.

간이역 · 1

산비둘기 깊은 소리 자잘한 새소리들
가까운 농가에서 들려오는 가축소리
모두가 일순간에 멈추고
지축을 뒤흔들며 위풍당당한 기차가
잠시 멈추기도 하지만 객차에 눈길들은
차창 밖을 스칠 뿐 무관심은 상처 같은
무안함이 한동안 아리게 남고
헛소문만 무성했던 뒤끝같이 민망한 듯
역 명판만 멋쩍게 덩그렇다
화들짝 흩어졌던 정적들이 매무새를 고치고
다시 그리움과 기다림의 밀도가
촘촘히 짙어가는 인적 드문 간이역
외로운 날 이곳에 오면 연고도 없는
대물림한 그리움들이 기다렸다는 듯
정겹게 다가와 스미듯 기대어오고
어느새 간이역이 된 나를 만날 수 있다.

천관산 탑산사 가는 길

장흥을 지나고 대덕을 지나
천관산 끝자락이 보일쯤
한 마을의 초입에 이르니
두 갈래 길이 나왔다

뛰어노는 꼬마 아이들에게
탑산사 가는 길을 물으니
저마다 큰 소리로
'오른쪽으로 가요'
'아니에요 왼쪽으로 가요'
다투듯 목청들을 높인다

마을을 벗어나니
오른쪽 길과 왼쪽 길이
마을 뒤에서 서로 만나
한 길이 되었다

멀리서 들려오는 아이들 소리를
뒷길이 빙긋이 듣고 있었다.

4월의 강가에서

첨벙!
아직은 시린 가슴 속으로
파고드는 개구리
번지는 동그라미 속으로 쭈—욱—쭉
움츠렸던 뒷다리 힘껏 뻗어본다
차가운 수면 위로
피라미 떼처럼 몰려다니는 봄바람
바람을 따라가며 자글대는 물결들이
노란 부리 짝짝 고개 빼고 재촉하는
둥지 속 새 새끼들 같다
아이들처럼 왁자하던 바람들 가고
물새들이 찾아와 고요를 쪼는 시간
물구름 산 그림자
그놈의 두고 온 강 물비린내
이제는 그만 잊어도 되련만
나는 어쩔 수 없는 내 마음의 역류천…….

두꺼비의 경고

소나기 한바탕 지나간 뜨락에
두꺼비가 우뚝 거인처럼 앉아있다
섬뜩한 저 위엄은 어디서 오는 걸까
두려운 거리를 두고 마주보고 앉아 있는데
시샘이 난 걸까 아니꼬운 걸까
견공께서 슬금슬금 다가와 덥석 한 입에 물었다
카악!!!
경기(驚氣)하듯 두꺼비를 뱉어낸 개가
주둥이를 바닥에 비비며 몸서리친다
반쯤 벌어진 입에선
독에 마비된 끈끈한 침이
무기력한 이빨 사이로 질질 흘러내린다
두꺼비는 무슨 일이 있었냐는 듯
감정 없는 눈으로 개를 쳐다보고
개는 핏발선 눈으로
고개를 절레절레 흔들며 애써 외면하고 있다

삶에는 누구나 독기 하나씩 품고 있는가보다
개 닮은 어느 내면의 혀가
두려움으로 오그라드는 순간이다.

능선(陵線)

내가 걸어온 길인 양
내 마음인 양

어루만지는 듯 부드럽고
격한 듯 솟구치고
낙심한 듯 꺼져 내리고
가까운 듯 멀어지고……

억만년 기인 세월
생성의 기쁨과 소멸의 아픔이
너를 바다의 기억으로
파도처럼 취하게 했구나

바람에 실려 오는 너의 이야기
영혼처럼 스며드는
너의 모습을 보며 나는
잃었던 나의 손을 잡는다.

어지럽다

술맛도 못 본
그림자가
비틀거린다
따라가는
내가
무겁다
그림자와
길이
서로
어그러진다.

속골 형님 댁

돌쩌귀*가 신음소리를 낸다

아무도 없다

텃밭 비닐하우스 귀퉁이에서
참깨 터는 형수님을 만났다

반가움에 웃는 주름살이
속골만큼 깊고
잡는 손이 나무껍질 같다

하던 일을 서둘러 마무리하고
휘적휘적 앞서 걷는 뒷모습에
반찬 걱정이 역력하다

영주장에 가셨다는 형님은
탁주 한 잔 하고 오시나보다.

* 돌쩌귀 : 문짝을 문설주에 달아 여닫는 데 쓰는 두 개의 쇠붙이로 만든 걸개.

사람아! 사람아

마당에서 들려오는 아내의 짜증스런 목소리
여보 왜 개에게 자꾸 다른 것을 먹이는 거야
사료 이외는 주지말라고 했잖아

아차! 탄로가 나고 말았구나!
하도 간절한 눈빛에 아내 몰래 가만히 준
한 줌도 못되는 옥수수
그걸 소화도 못시키고 통째 들통이 나다니

개똥 속에서 민망스레 알알이 빛나는
깨달음의 사리를 들여다보는데
뭐가 그리 좋은지 이리저리 들뛰어 다니는
오! 내 마당의 순수여!

4부

고생대에서 온 편지

고향친구가 전해준 5천만 년 전 소식
액자에 소중히 모셔진
쑥부쟁이 조상 닮은 돌이 된 꽃
이 화석이 나에게 온 후
눈길만 스쳐도 시간은 정지되고
손끝만 닿아도 2억 5천만 년이 현실이 된다
꽃을 받들다 돌이 된 억겁의 굳은 번뇌
이 꽃 앞을 칭얼거리며 지나갔을
아기공룡 꽃잎에 남았을 촉감의 기억들
순간에 갖인 바람 밤하늘의 별까지도
나는 너의 현실이 되었고 너는
두고 온 시간과 함께 지금 꽃으로 다시 피어있다
술 취한 눈으로 너를 보는 이 늘어진 순간은
한때 네 주변을 짓궂게 서성이던
어느 바람의 기억으로
너를 춤추게 하고 싶은
이 알 수 없는 눈물 같은 그리움은 또 무언지
그 바람의 기억에 네가
보시시 웃는 2억 5천만 년의 미소

나와 너에게는 모든 게 아무것도 아니다
먼저도 나중도 아닌
강물에 바람 스치듯 순간은 사라지고
기억의 포자만 떠돌다
너도 나도 있고 없는 순수하고 복잡한
아주 단순한 존재와 부재가 공존하는 지금을
한 영혼의 시간이라고 하자
그래 너와 나의 시간을 화석의 시간이라고 하자
또 머~ 언 훗날 지금을 보는 그를 위하여
우리는 서로의 시간을 발효시키고 있는 것이라 하자
너와 내가 2억 5천만 년 전 고향에서 그러했듯이…….

낙화암

삼월 초 부소산 솔바람 소리를
나당 연합군의 함성소리로 듣는다면

음지에서 스며오는 이 서늘한 기운은
억울한 궁녀들의 한(恨)서린 숨결일까

애달고나 낙화암아!
너는 무슨 모진 인연으로
천년의 한(恨)이 네 몫으로 남았는가
만년세월 흐르면 그 멍에 벗으리

어루만지는 듯 위로하는 듯
절벽 위에 바위를 품은 고목의 뿌리가
노모를 안고 있는 늙은 아들 손길 같구나

유유한 백마강에 자맥질하는 오리들
엄숙한 고목 위에 날카로운 까치들의 이야기
바스락 낙엽 속 도토리 한 알 찾아들고
행복해하는 청설모의 눈망울을 보며

나그네는 비로소
천년 슬픔에서 깨어나 발길을 돌린다

청량하고 애잔한 고란사의 종소리 들으며…….

붉은 바람
—밭가에 서서

고추밭에서 불던 바람이

깨밭으로 들어가니

깨밭이 자지러진다

나는

못 본 채

눈감아 주었다

고추보다 붉은 노을이

몹시도 뜨거웠다.

마음과 마음

숲 속 비탈진
나무와 나뭇가지 사이를
순간속도로 날아내려간
저 새가
내 몸에 손 가듯이
한 가지에 스미듯 앉는다
저 황홀한 안착은
날개의 재주만이 아니다
저 마른 나뭇가지의
비워놓은 마음과
새의 마음이
서로 맞닿아 있었기 때문이다
저 소망같이 신비로운
너와 나의 믿음자리!

함박눈 오는 날

탐스러운 눈 한 송이
살포시 손바닥에 받아 앉히니
고마워요 사르르 스며드신다
나로 인해 상처받았던 사람
지금 곁에 있다면 이 눈 녹이듯
사르르 녹여줄 수 있을 것 같아
하늘 우러러 두 팔 벌리고
미안—미안—미안 얼굴로 가슴으로
그래—그래—그래
그랬구나! 그랬었구나!
용서해라 화해하자 하얗게
하얗게 새하얗게 지워버리고
누구에게라도 너그러워지고 싶은
덮어주고 덮이며 함박눈이 내린다
함박눈이 쌓인다 함박눈이 내린다.

물안개

내 마음 물안개 같은 날 강가에 서면
물 주름 접고 놀던 아이 같은 바람
어느새 그리운 마음결로 찰랑이지
내 본원적 그리움은 강으로부터 오고
그리운 것은 언제나 잔잔한 슬픔이 있지
강변에 풀들의 알 수 없는 술렁임도
푸른 내장을 애도는 허기진 그리움 때문인 거야
강가를 서성이는 저 긴 물새의 목울대도
그립다! 그립다!
쉰 목소리 삼키는 멍울진 아픔이겠지
강둑과 강변은 옛 일들을 운명으로 기록했고
여기 저어기를 서성이다 간 발자국들이
오늘처럼 물안개로 피어오르는 것인가
복제된 아린 그리움으로 흘러가는 것인가…….

미친놈

모처럼 아내와 떠난 여행 남해 환상의 섬에서
아내가 곤히 잠든 새벽3시에 살며시 빠져나와
해변이 내려다보이는 공동묘지 옆
억새밭에 누어서 나도 영혼의 하얀 손으로
별을 털어주고 하늘을 닦았다
어스름 여명에 논둑길이 흐린 기억처럼 보이자
요란하던 논개구리 소리 순간에 멎고
개구리 홑이불 덮는 소리 부산하게 들린다
장승 같은 방풍림 숲길을 걸으며 두려움을 밟고
나도 새벽의 몸으로 숙소에 드니
아내는 정신없이 자고 있었다
곁에 가만히 누었다
멀리서 해조음이 서서히 미쳐가고 있었다.

그래 푹 자거라

어렵게 추석을 내려온
철없던 막내아들
잔뜩 웅크리고 잔다
그저 잔다
먹고 또 잔다
드르렁 드르렁
청춘이 고단한가보구나
문설주에 엄지발가락을
걸쳐 버티고 자니
절벽에서 떨어지는 꿈은
꾸지 않겠구나.

달과의 동침

술이 거나하게 취한 밤
마당에 자리 펴고 누워
하염없이 달을 본다
조심스레 내 반응을 살피던 달이
이내 내 마음을 살며시 열고
야젓이 팔을 베고 눕는다
바람이 수군덕거리며 지나가니
관여치 말라며 내 더워진 가슴에
더욱 파고들어 기어코 사달이 난다
소곤소곤 수군수군
우주의 불륜을 입방아 찧느라
별들은 하얗게 날밤 새우고
멀리서 공허한 개 짖는 소리
새벽 닭 울음소리 하늘가에 들린다.

새에게

새는
제 날개가
감당할 수 있는
무개만큼 만
먹고 살찌우고
누리고 절제한다
그리하여 하늘은
창공을 누비는
자유를 주시었다.

벚꽃

오글박작

파마머리

화사한

구름할매.

벚꽃나무 아래서

벚꽃나무 아래서
화사하게 웃으며
흰머리 소녀
초등학교 동창이
어이 시인친구
시 한 편 읊어봐라
그래–그래
오래–오래 지지 않는
네가 참 벗 꽃이구나!

손금 따라 흐르는 강

보이느냐 지류들의 조심스런 운명적 조짐이
아주 머~ 언 옛날 바이칼 호수의 신령스런 물
그 물을 손바닥으로 뜨는 순간부터
흘러야 사는 살아야 흐르는 그래서 생명이 된
감정의 강 운명의 강 민족의 강
직립보행의 그 비틀거림이 오롯이 노래가 되어
더 처연해진 운명의 강 갈라진 쓰라린 강
지독스레 가물어야 샘이 솟아나는 알 수없는 강
피눈물에 범벅이 되어 펄떡이는 강 박동치는 강
언덕이 파이고 골이 닳아야 비로소 차고 넘쳤던
불끈 쥔 주먹 속에서 소금기 굳은 암염의 강
고난과 서러움이 온 몸을 돌다가 마침내
지하수 눈물로 솟아오를 때 그 때부터 황폐 했던
산하에 바싹 마른 손바닥에 풀기 없던 제 침을 발라
닦아주며 어루만지며 출렁이는 강
억만년 지문들이 겹치고 겹쳐 굳은 곳을 풀어주고
도려내어 파이고 파이다 골이 저 강이 된 끈적이는 강
이제 긴 여정 반도에 강으로 도도히 흐르며
내 손에 네 손에 운명으로 자리한 거부할 수 없는 강

이 세상에 올 때 어머니가 뱃속에서 꼭 쥐어준 강
내 어머니의 어머니 그 어머니의 그 어머니탯줄로 흘러와
자자손손 손금 따라 흐르는 우주의 강 그 강변에서
나 비로소 두 손 불끈 쥐었다 다시 펼쳐보는 나의 강!

술병 가지고 노는 개

내 상념을 비운 막걸리 빈병들이
아주 가벼이 마당에 자유롭다
저 소리(개 이름)는 그저 즐겁다
빈병 물고 뛰어다니기
물고 휙 멀리던지기
주둥이로 굴리기
꾹꾹 물어서 찌그러뜨리기
구멍 뚫고 핥다가
앙칼지게 허공 나무라기
제 꼬리 따라 빼빼이 돌다가
술병에 턱 고이고 낮잠 자기
막걸리 빈병 구르는 소리에
담 밖의 잡소리들은 그저
저희끼리 시끌벅적 떠들다가
알아서 아리아롱 멀어져 가네.

애벌레

어느 구석에 숨어 무얼 먹고 견디다 지금 나왔을까
제 생사를 결정짓는 눈이 보고 있는 줄도 모르고
굼실굼실 미운 애벌레가 거실을 필사적으로 기어간다

그냥 보내기엔 너무 무관심한 것 같아 톡 건드리니
몸을 돌돌 말아 옹크리고 죽은 시늉을 한다
정말 죽은 것이 아닐까? 미동도 없다
공연히 미안한 생각에 조문하듯 숙연해지기도……

죽이면 죽을 목숨이니 너 맘대로 하라는 건지
살려고 발버둥치는 세상에 살려고 죽은 척 한다
그래 속아주자 알고도 속는 것은 관용이다
또 다른 두려운 눈이 나를 보고 있는 것 같아
생각에 잠겼다가 살며시 눈을 뜨니 가고 없다

다음 생을 알 수 없는 애벌레
우리는 오늘 이전의 서로의 관계를 알지 못한다.

세월이 가면

앞집에 중환자 쑥뜸 뜨는 냄새에
한여름에도 수 년 동안 창문을 열지 못했다
삼일 동안 외지에 다녀오니 이사하고 없었다

이층 옥상에 개가 낮에는 사람이 없으니
외롭고 춥고 덥고 괴로워 울부짖으니
동네 사람들 항의 끝에 멀리 시골로 보내졌다

아랫집 덩치 큰 두 마리 개가
함께 짖으니 귀가 멍멍 내장이 울리더니
어느 날 부터인지 소리와 개가 사라졌다

창고가 상가로 변하더니 장어 구워대는
냄새와 연기에 코가 맹맹하고 눈이 따가워
항의해도 방법이 없더니 맛없다는 소문에
간판이 바뀌었다

지금 마당에는 매화꽃 향 은은히 실비에 스민다.

심안(心眼)

소년처럼 첫눈이 기다려지던 어느 날
잠을 깨우며 아련히 멀어지는 소리
"빨리 일어나지 않고 뭘 하고 있는 거니"
아! 너가 왔구나!
벌떡 일어나 현관문을 열어보니
밤새 내린 눈이 마당에 가득 쌓였고
그 것은 커다란 중성의 얼굴이었다
"놀랐지?"
금방 녹아내릴 것 같은 간드러진 미소!
너무 놀라 멍하니 보고 서 있자니
미소는 사르르 허공으로 흩어지고
하늘은 해맑은 미소를 지은 커다란 얼굴이었다
그날이후 난 우주를 하나의 미소로 보았고
지금 그 미소의 입자가 향기로 퍼지듯 내리고 있다
공허했던 내 근원적 물음들이
한꺼번에 대답으로 돌아오듯 모두모두 돌아오고 있다
손에 받아 모시니 사르르 스며드신다
나도 미소의 입자가 되었다.

아내가 시인

바닷가에서 아이처럼 즐거워하며
고둥을 줍던 아내가
허리를 펴고 보시시 웃으며
나를 본다
그 입에서 포르르 날아오는 말

"자기 내 시 들어봐"

바다는 거대한 창고!
누가!
이 많은 것들을
숨겨 놓았나요?!

저 신비로운 표정 속으로
세상 의문들이 다 사라졌다

가슴까지 화끈한 부끄러운 내 얼굴

허공에 기둥을 세운 내 시의 창고는

가난보다 더한 허기로 텅 비어 있는데
보다 못한 아내가 먼저 한 수 넣어주시네
끼륵끼륵 갈매기의 시선을 애써 피해보네.

내가 나가 될 때

저녁노을 거나하고 낮달에 온기가 달아오를 때

미루나무에 까치집이 짙은 어두움으로 빛날 때

떠나온 것들과 떠나갔던 것들이 고단했던 하루를

너울너울 건너와 울고 싶은 그리움을 품어줄 때

옆구리 한 방 맞은 저녁 종이 우~ 웅~ 우~ 웅~

막걸리 잔 속에서 긴 여운으로 울먹이며 맴돌 때

여울물 소리같이 은하의 작은 별무리의 이야기가

잔솔밭에 부는 바람의 기억으로 이어지는 그럴 즘이면

흩어졌던 내 편린들이 하나 둘 돌아와 비로소 내가

나로 되고 나의 작은 양심이 우주에 충만해질 때…….

아내의 도마소리

술 덜 깬 부스스한 아침에
주방에서 들려오는 날카로운
칼도마소리는
횡설수설 길었던
순대 같은 내 언사가
토막토막 잘리는
절단나는 소리

뜨락에 서서
상큼하고 해맑은
저녁별이 가슴에서 빛날 때
창밖으로 들려오는
경쾌한 도마소리는
들을수록 신비로운
천국을 오르는
계단소리.

5부

가을비 내리는 날 택시에서

추적추적 가을비가 내린다
오거리 신호등이 잠시 쉬었다 가란다
으스스 추위 타던 한 무더기 바람
은행잎 한줌 윈도우에 뿌려놓고 달아난다
노란 허무가 차 안을 들여다본다

50대 후반의 택시기사
머리가 유난히 희다
"기사양반 인생을 무엇이라 생각하십니까"
기사 왈
"나같이 바쁜 사람은 그런 것 생각할 겨를이 없습니다
구태여 묻는다면
인생이 뭐냐고 묻는 사람 태우고 가는 게
내 인생이요(아! 돈오)
손님은 인생을 뭐라 생각하시오"
"글쎄요
잘 모르니 물어보며 실려 가고 있는 중입니다"
차내는 미소가 빙긋이 동행을 하고
차창으로 흘러내리는 빗물은

서로서로 몸을 섞으며 어디론가
그 어디론가 서둘러 흘러가고 있다.

초가을 소묘

가을의 초입에서 나무들
짙푸르던 잎 심한 갈증으로 뒤틀리고 있다
잎과 줄기 사이에 어색한 긴장의 시간이 흐른다
문뜩 떠오르는 생각 하나

지난여름 태백산 계곡 민박집에서 동창들과 휴가를 즐기고 있을 때
벽과 처마 사이의 둥지에 멧새 부부가 부지런히 먹이를 물어 나르고 있다
새끼는 온종일 고스톱 치며 히히덕거리는 우리를 내려다보며 즐거워한다
삼 일째 되던 날
먹이를 받아먹으려 둥지에서 벌떡 일어나는 새끼의 덩치가 어미보다 훨씬
더 커 보인다
어미는 화들짝 놀라 도망치듯 근처 전선줄에 가 앉아 어쩔 줄 모른다
세상에 이런 일이……?(어미 생각)
왜 먹이를 빨리 안주지……?(새끼 생각)

야! 뻐꾸기 새끼다!
우리는 화투장을 멈추고 숨죽이고 바라보았다
가련한 어미를 통째로 삼킬 듯
쩍쩍 벌리는 입이 공포의 블랙홀이다
날개를 퍼덕이며 더욱 더 부풀어오는 덩치
어미는 두렵고 점점 초라해진다
한동안 설명할 수 없는 시간이 저들과 우리 사이에 흐르고
뻐꾸기 새끼는 노골적으로 둥지보다 큰 몸짓으로 일어섰다

어미(?)는 어디론가 달아나듯 날아갔다
어미는 얼마 후 다시 돌아와서 먼 나뭇가지에
앉아서 황당하게 바라보다가 체념한 듯 떠났다
그 후로는 다시 오지 않았다

나무는 지금
무엇에 놀라 제 몸피를 조이고 있을까
바람은 서늘한데 갈증은 안으로부터 오는 걸까
슬픔도 안타까움도 아닌 것들이 보내는 저 발신

내 작은 둥지에도
생각이 다른 덩치 큰 새끼가 이미 자라서
고개를 빳빳이 치켜들었다
둥지보다 더 큰 부리를 쩍쩍 벌리고 있다.

구채구(九寨溝) 국립고원지대

산들은 높다기보다 아득히 멀고 물은 물보다 푸르다
신비로운 저 설산에 신이 살고 있다 해도 의심할 이유가 없고
협곡과 협곡이 굽이치며 하늘을 열렸다 닫았다 비틀어 꼬았다
순간과 찰라와 억겁이 형상하나에 다 들어 있고
산맥의 거대한 톱니바퀴가 우주의 기아와 맞물려 돌아가는 여기서
한없이 작아진 나는 쓸 때 없는 근심걱정은 부질없음을 알겠네
저 가파른 비탈에 실금처럼 이어진 아슬아슬한 차마고도
사람아! 사람아! 무거운 짐을 졌던 말들아! 아득하여라!
모두가 아득하고 그윽한 방울소리였어라!

* 티베트 고원에서 쓰촨분지에 이르는 중국의 자연경관이 탁월한 명소 9개의 장족마을이 있었다고 전해짐.

겨울 밤바다

12월의 밤 바닷바람은 예상보다도 차갑고 거세다
9시가 넘으면서 바람은 찬기를 더해가고 있다
속옷을 두둑이 껴입고 파카로 무장했지만 물이 스며들 듯
옷을 한 겹 한 겹 파고들어와 추위는 살갗을 아리게 한다
보름달은 차갑고 농염한 여인이 풍만한 젖가슴을 풀은 듯
바다에 닿아있다
남실대는 혀들이 걸신들린 듯 팔딱이듯 몸살을 앓는다
늙은 소나무 방풍림들은 짙은 어둠의 벽을 쌓고 서늘한
귀신 울음을 실타래처럼 풀어내고 있다
모래사장은 바람무늬를 지문처럼 간직하고 또 덧씌운다
무엇을 보았을까 솔방울 하나 다급하게 쫓기듯 굴러간다
우주인같이 발자국을 찍으며 걷다가 눈을 감아본다
철썩 쏴— 아 하고 밀려와 이쪽저쪽에서 서로 크고 작게
내 청력을 시험해보는 해조음이 은근히 장난스럽다
나는 지금 왜 이 먼 곳에 홀로와 있는가 내가 참 이상타
별들에게 물어 본다 너희도 이러다 별이 되었느냐고…….

꽤 오래된 오늘의 이야기

나 총각시절 어머니 병원에 입원해 계실 때
옆 병상에 머리 빡빡 밀은 뇌암 환자
40대 중반의 매우 튼실하고 건강해 보이는 여인
이 여인의 말
인생 돌아보니 내가 왜 그리 살았을까
이제 40평 넘는 아파트도 마련했는데
나 죽은 후 어느 년이 내 남편과 잘 살까
허무하고 원통하다고 억울하다고 말하다가
조금 몸 컨디션이 좋은 날은
좀 더 무리해서라도 50평을 했으면 더 좋았을 걸
그러다가도 통증이 또 심해질 때면
다 부질없다는 생각이 든다고…
그 여인 어머니 퇴원 전에 병상마저 비웠지…….

내 속에 부처

무위사에 도통한 늙은 개가 있다기에
그 그윽한 눈으로
세상사 꿈뻑여볼까 별러왔더니
수년 전에 개 도둑이
다른 개들까지 몰고갔다 한다

대웅전 문 앞에 서서
무기력한 부처님 미소를
냉소로 바라보다 고개를 돌린다
애매모호한 저 미소
지금 나에겐 허구다
가슴에서 활활 도둑과 부처가 타는데

이것은 또 무슨 조화인가

누군가 내 안에서
수액처럼 올라와 불을 끈다
또박또박 말하고 있다
개가 있었다면 너는 껍데기만

뒤집어쓰고 갔을 것이여
그놈은 다 알고 따라갔는데
너는 뭐하는 놈이여

달구어진 돌이 찬물에 던져진 듯
다소곳해진 내 눈길이 머문 곳에
천 년 묵은 고목이 새 가지로
늙은 고요를 쓰다듬고 있다.

어떤 해후
—순옥이를 만나고

분홍빛 조명으로
잔주름 지우고
하얀 부라우스에 까만 드레스로
슬픈 세월 가리고
나비처럼 찻집
홀 안을 사뿐사뿐 돌며
지치고 못난 사람
위로해주고 용기도 주는
오지랖 넓은 여인!
오십 중반의 너그러운
향기 가득 안은 저 여자!
초등학교 시절 나를 좋아했다는
강 건너 마을
까칠복숭아 같던 그 친구!
사십년 모진 세월에
깍지손 풀어 님 먼저 보내고도
의연히 세월강에
발 담그고 서 있구나.

보이지 않는 신화의 벽을 넘으면 거기 내가 있다

한 순간에 뛰어 넘어야 한다

배워서 아는 것이 아니다

배워서 되는 것이 아니다

안다고 되는 것이 아니다

중도란!

존재와 부재가 일치하는 순간의 영원이란 것

처음부터 그랬다

보이는 게 전부가 아님을

보이지 않는 것들이 늘 말해주고 있었다

나의 참 모습을 보았을 때 신화는 동화가 되어 있었다.

승화원(화장장)

망자는 다가오는 산화의 차례가
절박한 두려움일 때
절규하던 피붙이들은 무심코
시계를 곁눈질하는 시간

뜨거운 열기로 기억마저도
활활 살라버리는 경계의 현실에

앞만 보고 살지 말자!
너무 바쁘게 살지 말자
다! 아무 소용없다고
고개를 젓고 어깨를 들썩이며
눈물로 서로를 어루만지던
다짐의 시간도 잠시

자동차 시동의 호흡도 아직 거친데
총총히 제 갈 길로 서둘러 떠난다

망자만 낯선 곳에 엉거주춤 서서

아직은 이승의 습관처럼
바삐 떠나는 뒷모습들에
어여 어여가라 손사래 치는 것 같은……

참으로 아쉽고도 기~ 인 꿈이었나

근심걱정도 병마도 세월의 모습까지도
보드랍게 분쇄된 당신의 새 문패 앞에
가만히 내려놓고
돌아보고 또 그저 또 돌아보며 가옵니다…….

핏줄이 당긴다

어느 해 여름 도담삼봉 선착장에서 유람선을 타고
강을 거슬러 약30분 정도 돌아오는 코스였다
배 가장자리를 어른들은 둘러앉았고 중앙에 넓은 공간에는
고만고만한 또래의 아이들이 10여 명
제 세상 만난 듯 뛰고 뒹굴고 엉키고 소리소리 지르고
난리법석이다 부모들은 흐뭇하고 상기된 얼굴로 아이들만 보고
아이들은 더 기고만장 짓들이 났다
나는 아이들과 부모들을 번갈아보며
서로 닮은 얼굴짝짓기를 하여 보았다
배가 선착장에 닿는 순간
지남철에 쇠 달라붙듯이 닮은 얼굴끼리 서로 착착 달라붙어서
이산가족 만난 듯이 서로 꼭 안고 볼을 비비고
또 한 번 난리법석이다
참으로 희한하게 닮았다 핏줄이 진하게 당기나보다
갑자기 덜컥 두려운 생각이 든다
자식이 두렵고 내가 두렵다
내가 나에게 더 두렵다.

봄비

봄은 아픔을 밟고 오시나보다
어젯밤 내내 자박자박 발자국 소리
조바심 하던 내 가슴에도 자국 남기셨다
허옇게 떠오른
물고기 떼죽음 같은 처절한
목련의 순교를 밟고 오시는 당신께
환희와 두려움의 경배를 드립니다
당신은 정이 많아 의식의 제단에서 흐느끼셨고
그 흐느낌 소리에
조용히 고개 드는 생동의 숨소리들을
나는 들을 수 있었습니다.

나비의 침묵

나비는 소문을 내지 않는다
정감나게 사뿐히 다가와
포근히 가리고 은밀한 속삭임으로
내면을 깊숙이 어루만진다
그리고 사뿐히 가벼이 홀연히 떠난다
나비가 사랑 받는 이유는
침묵! 침묵! 또 침묵!
꽃들도 나비의 이야기는
서로가 모르는 불문율이다
침묵의 영역은 무한대라는 것
그것은 이들이 자유롭게 번성하고
화려하게 살아가는 항등식이다.

강마을 이야기

물속에 핀 철쭉꽃이 더 붉다
그 물 속에 고기들 물보다 화안하다
조심스런 물새처럼 다슬기 줍는 여인
십년 전 여윈 강에 철부지 어린 자식 보내고
지난해 장마에 지아비마저 데려간
원수 같은 시린 강에 배붙이고 다슬기 잡는다
묵언수행중인 큰 바위 옆에 늙은 갈대가
오랜 습관이듯 수면의 제 그림에 허리를 굽히신다
앞산 비둘기 목울대 깊은 속울음소리에
울컥 설움이듯 잔물결이 일렁였다
사실 여울 끝에 잔거품들이 웅성일 때까지도
전혀 낌새를 알아차리지 못했다
켜켜이 쌓인 구불구불 다슬기 길 따라
방금 지나간 아가와 지아비의 발자국이
선명히 찍혀 있었다
마음보다 손이 먼저 깊어져가고 있었고
오래 기다렸다는 듯 다슬기가 군중처럼 모여들어
도열하듯 줄지어 길을 열어주고 있었다
한동안 강 언덕 빈집 이야기가 마을에 출렁이었다.

알고 보면

저 새가 나는 것은

날아야 새이기 때문이다

바람이 부는 것은

불어야 바람이기 때문이다

물이나 뭍이나 숨을 쉬어야 살듯

내가 오욕칠정을 벗어나지

못하는 것은

그래야만 나이기 때문이다.

안개비 오시는 날

봄 졸음 같은 안개비가 내린다

밤나무 숲속에서
어린 새 새끼들 까르르르
자지러지게 웃는 소리
어느 할미새가
재미있는 옛날얘기 하시는가보다
솜이불 속에 마른 종아리 들이밀고
동글—반짝 눈동자들 빛나고 있나보다

멀리서 보따리 이고
오시는 보오얀 모습
가 자(字)에 기역 하면 각! 하시던
일자무식 외할머니
휘적휘적 먼 길 오시나보다

봄 졸음 같은 안개비가 내린다.

가을밤에

귀뚜라미 소리가 깊다
물속이다

깊어진 수심(水深)만큼
서늘하다

거역할 수 없는 수압처럼
어둠에 잠겨드는 물상(物像)들

숙성된 내 그리움의 속살이
쫀득하고 차지다

이 밤에 나를 기억하는 이여
침전되어 굳어지기 전에
이제 그만 그대를 가져가라.

술 섬

잡초 무성한 내 대지에

술이 술 술 흘러들어

굽이치더니

넘실넘실 파도치더니

해저의 용암처럼

솟구쳐 오르더니

내 황홀한 소멸의 바다에

듬성듬성 기억 하나씩

후회인 양 남겨 놓았다.

아내와 다툰 날

소낙비 쏟아진 후
등산길 오르다보면
부드럽던 감성은 상처의 골로 남았고
못생긴 자존심 같은 돌뿌리들
속살까지 드러내놓고 있다
내가 나를 밟는다
나에게로 오른다
오던 길 잠시 뒤돌아 서 보면
어느새 길은 숲에 묻혔고
흙도 돌도 아닌 푸석돌 하나
제 가슴 도려내듯 실금 긋는 날.

나 여기 없다

바람 한 점 없는 호숫가에 서면
저 절대수평의 조심스런 평온 위로
훅 달려오는
내 막연한 그리움 하나에도
몽글몽글 잔물결 일까봐
산 그림자에 누가 될까봐
나 여기 없다
나 여기 없다
나 여기 없다.

열쇠

허리춤에 단단히 동여매고 다니던
열쇠 꾸러미 풀어놓고 어머니
요양병원으로 가셨다

평생을 열고 잠가도 늘 불안했던
청상과부 마음의 빗장

한여름에도 문을 꼭꼭 잠가야 선잠이라도
들 수 있던 불안의 빗장을
열 수 없는 열쇠꾸러미

평생을 갈망하고 절망하던
기다림의 기억마저 지워버리고
후련하신 얼굴로 휘적휘적 훠이훠이
청상과부 내 어머니 그냥 가시었다.

꽃들이 보는 세상

꽃들이 보는 세상은
모두가 사랑일까
형형색색 몸짓으로 향기로
세상의 통로를 열고
속속 깊이 간직한 신비의 정표
생명의 묘약을 임에게 드립니다
그리하여 마침내
우주의 씨앗을 잉태합니다
그대와 내가 처음만나 서로를
조금씩 느껴갈 때 세상은 온통
꽃밭 꽃길 꽃향기였습니다
꽃들이 보는 세상을
그때 우리는 보았습니다.

| 해설 |

무위(無爲)로 경작(耕作)하는 비움〔虛〕의 시

| 작품해설 |

무위(無爲)로 경작(耕作)하는 비움〔虛〕의 시

—자연주의 시인 이재설의 시세계

김현진

(시인·소설가·한국문인협회 이사)

시인의 조화(造化) 부림

지어낸 서사(敍事)를 문장(文章)으로 구성(構成)해놓은 것이 소설이라면, 시는 찾아온 시상(詩想)을 시어(詩語)로 현상(現像)해놓은 것이라 할 수 있다.

육감(六感)을 통해 만들어지는 수많은 감정을 한꺼번에 쏟아지는 소나기에 비유한다면, 소설은 쏟아진 빗물이 그냥 내를 이루고 흘러가는 과정을 그린 것이다. 희로애락이 고스란히 드러난다. 그에 비해 시는 쏟아진 빗물이 땅속에 스며들어 아주 먼 곳에서 몽글몽글 솟아오르는 옹달샘이다. 응축되고 정제된 순수만이 현상된다. 빗물(시상)이 땅속(시인)으로 스며드는 순간부터 옹달샘(시)으로 솟아오르는 순간까지가 바로 시상의 현상과정이다. 때문에 땅속(시인)에서 무슨 조화(현상)가 일어나는지는 직접 조화를 부리는 시인만 알뿐, 독자는 전혀 알 수 없다. 조화 부림은 시인에 따라 천차만별이다. 같은 시상이라도 현상된 결과(시)가 각양각색일 수밖에 없는 이유다. 시를 이해한다는 말은 바로 현상에 사용된 시어를 통해 시인의 조화 부림을 유추하고 공유하는 것이라 할 수 있다.

그림이 있는 이재설의 시

이재설의 시는 사실주의에 가깝다. 이 말은 곧 이재설이 자연주의 시인이라고 해도 괜찮다는 말이다. 그의 시적 조화 부림을 유추하기 위해서는 먼저 무위자연(無爲自然)을 이해할 필요가 있다. 무위는 노자 도덕경에 나오는 말로 함(爲)이 없다는 뜻이다. 그렇다고 아무 것도 하지 않는다는 말이 아니다. 무위(無爲)의 반대말인 유위(有爲)와 비교해보면 그 뜻이 명료해진다. 비움은 무위고 채움은 유위다. 이기(利己)는 유위고 이타(利他)는 무위다. 환희는 채움의 영역이고 유위의 넘침이다. 슬픔은 비움의 영역이고 무위의 허함이다. 환희는 고무풍선처럼 위로 치솟다 터져버리고 끝나지만, 슬픔은 끝없이 아래로 침잠해 순수한 정수를 남긴다. 이것이 시다.

비우고 비워서 허허로울 때 유용해지고, 유용해질 때 비로소 존재하게 된다. 가득 채워진 그릇은 유용함이 없어 그릇으로써의 존재 의미가 없다. 채워진 것을 비워 허(虛)가 생기면 다시 유용성이 살아나 존재의미를 갖게 된다. 이것이 무위자연의 존재세계다. 이재설 시인은 바로 이 비움에 의한 유용성 회복을 위해 무위(無爲)로 자신의 시를 경작한다. 그래서 그의 시 속에는 무위세계의 그림이 있다. 아래 시를 보자.

자갈밭은
조심스레 걸어도
소리가 난다

눌리고 밀리며
앙다무는
야무진 소리

지친 발 끌기라도 하면
덧난 상처 건들린 듯
자지러지며 구른다

걸음을 멈추면
요란하던 소리들
한순간에 사라진다

조금은 엄살스런 자갈
나 닮은 무리들이 모여 있는 곳
눈으로도 걸어보고 귀로도 걸어본다.

—「자갈밭」 전문

자갈밭은 현실세계다. 많은 사람들이 숱한 사연을 안고 살아가는 우리의 삶은 작은 부딪침에도 상처 입기 쉽다. 현실인 이재설도 일상적인 삶 속에서 이리저리 부대끼며 살아가는 한 사람이기에 상처도 입고 눈물도 흘리고 피도 흘린다. 그러나 시인 이재설은 무위(無爲)로 갈아엎은 시의 경작지에 서서 허허로운 비움의 눈으로 삶을 관조한다. 지금 자갈밭을 걷고 있는 사람은 이재설이 아니고 시혼(詩魂)이다. 이웃들이 상처 입고 내지르는 비명소리는 물론, 덧나는 생채기 아픔까지 다 듣는다. 그래서 타인의 상처를 건드리는 발걸음 대신 '눈으로 걷고 귀로 걸으며' 상처를 어루만진다. 빔의 세계에 머물지 않고는 쉽게 그려낼 수 없는 무위의 스케치다. 눈앞에 안 보이는 것도 멀리 떨어지면 보인다. 다가섬은 유위요, 물러섬은 무위다.

너 거기 옛 풍경처럼
서 있어라 그리움의 자리에

내 작은 가슴이
황량한 벌판처럼 허허로울 때

온 우주를 담는 내 눈이
한 방울의 눈물을 감당 못할 때

신호등 없는
호젓한 숲길이 나를 부를 때

너 거기 옛 풍경으로
아련한 듯 다정한 듯 서 있어라

내 그리움의 자리에.

—「너 그리움의 자리에 서 있어라」 전문

그리움은 마음에 담아 두는 것이다. 마음에 담아두면 기다림이 생긴다. 그래서 그리움과 기다림은 언제나 우리에게 맥놀이로 아픔을 준다. 마음은 무엇이든 채워지면 생기를 잃는다. 더 이상 순환할 수 없기 때문이다. 이는 곧 유의의 넘침을 의미한다. 시인은 늘 빔의 세계를 유지해야 시혼이 오래 머물 수 있다. 그래서 이재설은 '그리운 이여 내게로 오라!' 하지 않고 '너 거기 그대로 서 있어라!' 하고 절규한다. 그리움이 머무는 자리가 마음 안〔內〕이 아닌 바깥〔外〕 저만큼 있는 한, 시인의 마음은 늘 텅 빈 상태가 유지되고 더 많은 그리움을 노래를 부를 수 있다. 이재설은 이처럼 자신의 시 경작지를 끊임없이 무위(無爲)로 갈아엎어 더 향기 짙은 시를 소출한다.

평지에서 어지럼증을 느끼는 생명이 있다
절망을 기회로 만드는 특별한 비결이 있다
절벽은 높고 가파르고 넓을수록 축복이다
그곳은 평화의 땅 난공불낙의 마추픽추다
남을 밀어내기보다 자신을 혹독한 환경에
적응시키는 처절한 너의 인내는 눈부신 개척이다
밟히는 걸 참지 못하는 고고한 너의 품성이다
현기증에 떠는 바람의 공포를 짜릿하게 즐기며
전율하는 너의 감성은 허공을 지배하는 너의 경지다

구석구석 실가지 어느 한 줄기라도
소홀함이 없는 원활한 소통은 한 뿌리의 긍지다
덮어주고 감싸주고 시멘트벽에도 숨길을 불어넣어
푸른 생명으로 한 몸이 되는 너는 부활이다
밤이면 유난히 반짝여주는 별무리
알 수 없는 기억을 따라 오르는 너의 좌표는
이미 은하에 닿아 있다.

—「담쟁이를 보며」 전문

담쟁이를 소재한 시는 많다. 대부분 역경을 이겨낸 성취의 표상으로 노래한다. 유위세계(有爲世界) 인간 눈으로 담쟁이를 보기 때문이다. 이때 담벼락은 입신양명(立身揚名) 부귀영화(富貴榮華)를 얻기 위해 반드시 극복해야 하는 박해고 장애물이다. 그러나 무위자연(無爲自然) 담쟁이한테는 담벼락이 박해도 장애물도 아니다. 넉넉하고 평화로운 삶의 터전이다. 담벼락이 높으면 높을수록, 넓으면 넓을수록 축복이 된다. 시인 이재설에게는 이런 무위(無爲) 담쟁이의 자연세계가 더 익숙하다. 그래서 담벼락을 기어오르는 줄기 하나하나에서 대지의 긍지를 보고, 잎 하나하나에서 무위(無爲)자연의 숨결을 느낀다. 담쟁이는 태고 적 무위(無爲)세계의 좌표를 향해 밤마다 별과 함께 먼 길을 떠난다. 이 시에 드러난 담쟁이는 무위로 충만한 우주를 자유롭게 유영하고픈 자연주의시인 이재설의 시혼이다.

술이 거나하게 취한 밤

마당에 자리 펴고 누워
하염없이 달을 본다
조심스레 내 반응을 살피던 달이
이내 내 마음을 살며시 열고
야젓이 팔을 베고 눕는다
바람이 수군덕거리며 지나가니
관여치마라며 내 더워진 가슴에
더욱 파고들어 기어코 사달이 난다
소곤소곤 수군수군
우주의 불륜을 입방아 찧느라
별들은 하얗게 날밤세우고
멀리서 공허한 개 짖는 소리
새벽 닭 울음소리 하늘가에 들린다.

—「달과의 동침」 전문

삼라만상과 더불어 유유자적하는 시인 이재설, 무위로 갈아 이룬 이런 빔(虛)의 세계에서만이 달과도 연인을 맺고 별들의 입방아도 들을 수 있다. 이 시 속의 그림에서 기운생동(氣韻生動)의 신비로움이 도드라지는 까닭은, 시인의 기와 우주의 기가 아무런 배타 없이 조화(調和)를 이루고 소통되기 때문이다. 그럴 듯하게 조립된 어휘 나열의 시가 아니라, 무위자연을 닮은 이재설의 삶 그 자체가 바로 시가 되기에 가능한 것이다. 이런 무위자연과의 일체화는 다음 시에서도 선연하게 느낄 수 있다.

나 보고 싶은 것만 보아주느라
애쓰는 안경에게 가끔은
너 보고 싶은 것만 보라고
두 손으로 높이 받들어 들고
이리저리 두루두루 빙빙
세상을 돌려주고 나면
네 맑은 눈으로 보는 세상이
궁금하기도 하지만
나는 알려하지 않네
가끔은 너도 나를 눈감아주시게.

—「안경」 전문

사람과 자동차가 바쁘게 돌아가는 도심 속 네거리. 한 사내가 길모퉁이에 서서 안경을 치켜들고 이리저리 비춰주고 있다. 무위세계(無爲世界) 존재인 안경한테 너도 보고 싶은 것 좀 보라며 시중드는 중이다. 지금 사내의 마음은 안경에 대한 고마움과 미안함이 절절하다. 차 소리 사람 소리는 한 점도 들리지 않는다. 문득 사내는 안경이 본 모습이 궁금하다. 그러나 지금껏 자신이 본 것이 부끄러워 차마 묻지도 못한다. 이렇듯 시인 이재설은 자신도 모르는 사이에 온갖 욕망으로 더럽혀진 유위세계(有爲世界)의 일상을 끊임없이 무위자연(無爲自然)으로 쟁기질하며 자신만의 시전(詩田)을 일군다. 길모퉁이에 선 사내를 사진 찍으면 내면 깊숙이 숨어있는 순수한 시혼까지 고스란히 드러날 것 같다. 시중지화(詩中之畵)는 이렇게 그려진다.

고봉밥보다 더 넉넉한 밤이었나 보다
바람보다 가벼운 것들이
온 세상을 다 덮어버리다니

못 이룰 것이 없을 것 같다

좁은 내 마당을 찾아온 순백의 인연이 고마워
동심을 굴려 사람으로 만들었다
아주 편안한 얼굴의 눈사람
모자도 씌워주고 꼭 안아주었다

해가 질 무렵
그늘 속에서 고뇌하는 한 사나이를 본다

사람의 형상만하면 왜
번뇌 망상에 사로잡히는 걸까

내가 감당 못할 죄를 지은 것 같아
그냥 눈으로 돌려보내주었다

나는 지금 그 사내가 그리워진다.

—「눈도 사람이 되면」 전문

세상 만물은 다 기(氣)로 이루어져 있다. 눈도 기다. 따라서 눈사람도 기다. 사람의 기와 눈의 기가 배타적이면 그냥 눈뭉치에 불과하지만, 배타적이지 않고 조화를 이루면 혼을 가진 눈사람이 된다. 그래서 사람과 같이 고뇌도 하고 희열도 느낀다. 지금 시인은 이런 혼을 가진 눈사람을 만들어놓고 서로 소통하고 있다. 그러나 곧바로 고뇌를 불어넣어준 죄책감에 사로잡혀 그만 원래대로 되돌려주고 만다. 그러고는 또 자신이 만들었던 그 혼 있는 '눈사람'을 그리워한다. 이런 원죄의식은 숙명적일 수밖에 없는 삶의 고통에서 해탈을 염원하는 인간의 본성을 역설적으로 보여준다. 그렇다면 이재설은 어떻게 이런 무위자연주의 시인이 될 수 있었을까? 다음 시 속에 답이 있다.

두런두런 살근살근 주천강변
미루나무 그림자 떠먹고
아침 햇살에 선잠 깬
물안개 마시며 자랐다

시냇가 고기들과
숨바꼭질 하며
저녁노을 물들어 오는 강에
수제비 띄우며 놀았다

뻐꾸기 꾀꼬리 노래 소리에
장단을 익혔고

말매미 뻗쳐 우는 소리에
푸른 꿈 멀리멀리 실어 보냈다

산모퉁이 돌아가는 강물을 보다가
송아지 울음소리에 그리움을 알았고
시끌시끌 여울물소리 자장가로 들으며
오색 빛 꿈나라로 달려갔었다.

—「나를 키워준 것들」 전문

산에 살면 새를 알게 되고 물가에 살면 고기를 알게 된다. 무위자연의 가르침이다. 자연은 스스로 그렇게 하고 산다. 누구의 지시나 간섭도 받지 않는다. 바람은 스스로 불고 물은 스스로 낮은 곳을 찾는다. 계절은 혼자 돌고 나뭇잎은 저절로 자라고 떨어진다. 멈추지도 않고 오래 지니지도 않는다. 이런 자연 속에서 시인은 더불어 태어난다. 자연을 아무리 정교하게 모방해서 가르쳐도 유위세계에서는 자연주의 시인이 태어나기 어렵다. 이 시는 이재설의 성장 고백이자 진정한 자연주의 시인의 탄생과정을 그림처럼 잘 보여준다.

남해 송정 바닷가
썰물 떠난 모래벌판에 수많은 구멍과 모래구슬들
궁금해 다가가 보니
모래바람이 빨려드는 듯 한순간에 사라진다
숨죽여 가만히 서 있자

숨바꼭질하듯 살금살금 기어 나오는
정말 콩알만 한 작디작은 콩게들

장난기가 동하여 갑자기 다가가니
혼비백산해서 난리법석이다
미처 숨지 못하고 죽은 척 꼼짝 않는 녀석 톡 치니
어라 요놈바라
하야가슴 발딱 세운다
집게발 한껏 치켜들고 한 번 해 보자는 것이다
햐아아~
그래 어디 한 번 해 보자

좌로 도니 좌로 돌고 우로도니 우로 돈다
집게발 치켜들고
내 일거수일투족에 빈틈없이 응수한다
좁쌀만 한 녀석의 눈 속에 꼼짝없이 갇혔다
이제 세상천지에 요놈과 나의 대결뿐이다
아니 괜히 건들어서 진퇴양난이다
이놈의 기상이 점점 섬뜩해진다
나는 그만 행동을 멈추고 눈을 감았다

그래 그랬구나!
이 땅의 주인이 누구인지 알겠다
참으로 대단하구나

파도에 휩쓸려 부서져도 짓고 또 짓고 지켜온
이 땅에 와서 너희를 희롱한 내가 부끄럽구나

살며시 눈뜨니 녀석은 가고 없고
비로소 하늘이 보이고 바다가 보인다
하~ 하~ 하아~ 갈매기 탄성들이 들려온다
세상은 나에게 또 다른 의미로 다가오고
지금 콩게의 전설 하나 시작되었다.

—「콩게」 전문

이재설 시에서 보기 드문 장시(長詩)다. 이 시는 무위자연(無爲自然)과 유위인간(有爲人間)의 관계를 간결한 서사(敍事)를 통해 사실적으로 그리고 있다. 자연을 노래한다고 다 자연주의시인이 아니다. 무위(無爲)자연의 본질은 순진(純眞)이고, 순진은 정직(正直)의 골수(骨髓)다. 순진(純眞)과 정직(正直)이 인간이 안고 있는 원초적 폭력성을 순화시켜 자연과 인간이 호혜평등해지고 상생(相生)하는 이치(理致)를 노래할 때, 비로소 자연주의시인이라 할 수 있다. 바닷가에서 우연히 콩게와 맞닥뜨린 시인은, 장난—몰입—두려움을 거쳐 상생의 깨달음에 이른다. 유위(有爲)인간이 무위(無爲)자연에 의해 순치(馴致)되는 돈오점수(頓悟漸修) 과정을 접사렌즈처럼 세밀하게 클로즈업 해낸 달작(達作)이다. 시를 읽었는지 수필을 읽었는지, 아니면 한 편의 짧은 소설을 읽었는지 분간하기 어려울 정도로, 플롯이 잘 짜인 서사시(敍事詩)다.

내 마음은
피아노 건반
두드리는 사람 손 끝 따라
다른 소리를 낸다

천연 무위의 음률을
가슴 깊이 간직하고 있지만
나만의 소리를 내지 못한다

향기롭지 못한 손이
원치 않는 건반을 두드려도
그의 파장으로 울리고 마는

내 마음은
나를 연주하는
바로 당신 것입니다.

—「내 마음은 피아노 건반」 전문

이 시는 이재설의 무위세계를 가장 잘 표현한 시다. 억겁을 지켜온 깊은 바다 속 같은 침묵. 비움의 경지가 처절하기까지 하다. 바닥까지 비워버린 허허로움에 자신마저 잃어버린 것일까? 산 것도 죽은 것도 아닌 시인의 영혼은 건반을 두드리는 사람의 손끝에 민감하게 반응하며 천연무위(天然無爲)의 잠에서 깨어난다. 그래서 더 자유롭고 영원하다. 이런 경지에서 일상사의 고통은 티끌만

큼도 존재하지 않는다.

내 마음 물안개 같은 날 강가에 서면
물 주름 접고 놀던 아이 같은 바람
어느새 그리운 마음결로 찰랑이지
내 본원적 그리움은 강으로부터 오고
그리운 것은 언제나 잔잔한 슬픔이 있지
강변에 풀들의 알 수 없는 술렁임도
푸른 내장을 애도는 허기진 그리움 때문인 거야
강가를 서성이는 저 긴 물새의 목울대도
그립다! 그립다!
쉰 목소리 삼키는 멍울진 아픔이겠지
강둑과 강변은 옛 일들을 운명으로 기록했고
여기 저어기를 서성이다 간 발자국들이
오늘처럼 물안개로 피어오르는 것인가
복제된 아린 그리움으로 흘러가는 것인가…….

—「물안개」 전문

'그리움의 자리에 그대로 서 있어라!' 외치던 시인도 일상의 그리움을 완전히 떨쳐버리지 못한 것일까, 지금 그의 가슴은 지난날의 흔적으로 신음하고 있다. 하지만 그리움의 대상을 찾아 가슴에 담으려하지 않는다. 물안개에 섞여 아스라이 흘러가는 그리움에 몸을 맡긴 채 그냥 그대로 함께 흐를 뿐이다. 미법산수화(米法山水畵)의 먹물 번짐 같은 몽환적인 물안개 속에서 미점(米點)인 양 바람에 하느작거리는 갈대를 바라보며 깊은 사색에 잠겨있는 한 나그네의 모습이 눈에 선하다.

저녁노을 거나하고 낮달에 온기가 달아오를 때
미루나무에 까치집이 짙은 어두움으로 빛날 때
떠나온 것들과 떠나갔던 것들이 고단했던 하루를
너울너울 건너와 울고 싶은 그리움을 품어줄 때
옆구리 한 방 얻어맞은 저녁 종이 우~ 웅~ 우~ 웅~
막걸리 잔 속에서 긴 여운으로 울먹이며 맴돌 때
여울물 소리같이 은하의 작은 별무리의 이야기가
잔솔밭에 부는 바람의 기억으로 이어지는 그럴 즘이면
흩어졌던 내 편린들이 하나 둘 돌아와 비로소 내가
나로 되고 나의 작은 양심이 우주에 충만해질 때…….

—「내가 나가 될 때」 전문

'내'는 '나'의 소유격이다. 소유격으로서의 존재는 더불어 함께하는 존재다. 내 돈, 내 친구, 내 부모, 내 여자, 내 명예, 내 권리, 등과 같이 혼자는 살아갈 수 없는 사회적 동물로서의 존재다. 이런 '내' 모습은 유위(有爲)의 충동에 사로잡혀 끊임없이 채우려드는 '현실인 이재설'의 모습이다. 이와 달리 '나'는 독립된 개체로서의 존재다. 행동에 아무런 거리낌도 없고 어떠한 것으로부터도 구속되지 않는 천상천하유아독존으로서의 존재다. 이런 '나' 모습은 무위(無爲)의 허허로움에 잠겨 삶을 관조하는 '시인 이재설'의 모습이다. 이 시는 일상적인 '유위의 이재설'이 언제 '무위의 이재설'로 변하는지, 그리고 시인이 빔의 무위세계와 어떻게 동화되는지를, 마치 동영상을 보여주듯 그리고 있다.

숲은 거룩한 그늘로
나를 편안하게 해 주지만
늘 제자리에만 서 있다

산행에서 돌아오는 길

우두커니 서 있는 전신주
표정 굳은 시멘트 그림자도
나를 따라오지 않는다

걷던 길 문득 뒤돌아보니
들킨 듯 엉거주춤 서 있는 내 그림자
정겹고 고마워 넙죽이 절을 하니
그림자도 황급히 돌아서서
길에 공손히 절을 한다

길이 벌떡 일어나 앉는 것을 본다.

—「내 그림자에 절하다」 전문

시인의 고독이 아프게 느껴진다. 언제나 혼자일 수밖에 없는, 그래서 고독을 숙명처럼 받아들여야 하는 시인의 영혼. 지금 시인의 유일한 동행자는 자신의 그림자뿐이다. 이 그림자는 육신의 그림자가 아니다. 시인의 심저(心底)에 늘 외롭게 웅크리고 있는 시심(詩心) 그 본체다. 시인은 언제나 변함없이 자신을 따르며 시의 길을 꿋꿋이 지켜주는 이 시심(詩心)이 고마워 감사의 절을 한다. 하지만 시심(詩心)은 되레 돌아앉아 길한테 절한다. 이 길은 행인(行人)의 길이 아니다. 시인 이재설의 시가 만들어낸 이재설만의 아우라(aura)다. 시심이 그런 아우라에 고마움을 표한 것이다. 길도(아우라) 예의바르다. 깜짝 놀라 드러누웠던 몸을 일으켜 맞절을 한다. 이로써 시인의 아픈 고독이 카타르시스(catharsis)를 통해 무위(無爲)로 자유로워진다. 시인의 육신(肉身)과 시심(詩心), 그리고 아우라(aura)로 이루어진 트라이앵글(triangle) 알레고리(allegory)가 기막히다. 마치 시심해부도(詩心解剖圖)를 보는 듯하다.

내 상념을 비운 막걸리 빈병들이
아주 가벼이 마당에 자유롭다
저 소리(개 이름)는 그저 즐겁다
빈병 물고 뛰어다니기
물고 휙 멀리 던지기
주둥이로 굴리기
꾹꾹 물어서 찌그러뜨리기
구멍 뚫고 핥다가
앙칼지게 허공나무라기
제 꼬리 따라 뻉뻉이 돌다가
술병에 턱 고이고 낮잠 자기

막걸리 빈병 구르는 소리에
담 밖의 잡소리들은 그저
저희끼리 시끌벅적 떠들다가
알아서 아리아롱 멀어져가네.

—「술병 가지고 노는 개」 전문

얼핏 보면 유치한 시다. 하지만 이 유치함에 이르기 위해 시인은 얼마나 먼 길을 걸어왔을까? 시인의 고행(苦行)이 절절이 느껴진다. 졸필과 달필도 얼른 보면 비슷하다. 십우도(十牛圖)의 열 번째 그림은 입전수수(入廛垂手)다. 첫 번째 심우(尋牛)에서 시작해 온갖 고난을 겪고 겨우 득도한 뒤, 고작 한다는 일이 시중에 나앉아 잡배들과 어울려 소일하는 일이라니! 하지만 최고경지를 넘어서면 무엇이든 유치해진다. 바로 무위경지(無爲境地)에 들어서기 때문이다. 이 시에서 강아지는 시인의 아바타(avatar)고 시인은 강아지에 빙의(憑依)되어 있다. 대숲 정자에 앉아 바람소리 들으며 안빈낙도(安貧樂道)하는 선사의 모습과, 막걸리 불콰한 얼굴로 강아지와 더불어 무위낙도(無爲樂道)하는 시인의 그림이 오버랩 되지 않는가! 지금 시인의 얼굴에 봄 햇살 같은 졸음이 아롱아롱하다.

지금까지 이재설의 시 몇 편을 가볍게 감상해보았다. 시는 과학이 아니다. 시는 어휘로 그리는 그림〔現像〕이다. 독자에게 그림이 전달되지 않는 시는 좋은 시라 할 수 없다. 소식(蘇軾 東坡)이 '왕유(王維)의 시를 음미하면 시 안에 그림이 있다(味 摩詰之詩 詩中有

畵)'라고 평한 것도 같은 맥락이다. 시 속의 그림이 카타르시스를 내포하고 있으면 더욱 좋다. 그런 시는 쉽게 읽히고 바로 가슴에 와 닿는다. 또 보편적인 아포리즘(aphorism)으로 일상 속에 뿌리 내려 오래토록 회자(膾炙)될 수 있다. 이재설의 시에는 수묵화가 있다. 추상화 같은 난해한 그림이 아니다. 그래서 보고 있으면 마음이 편안해진다. 교실에서 논리로 만들어진 시인이 아니라, 교실 밖 무위자연 속에서 스스로 태어난 시인이기 때문일 것이다.

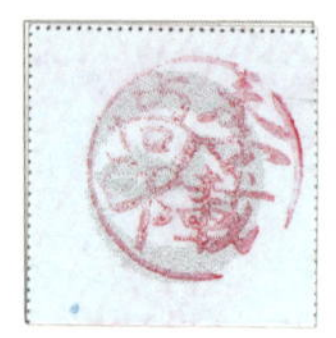

이재설 시집_ 시의 벽에 기댄 나의 독백

초판 인쇄 | 2019년 6월 5일
초판 발행 | 2019년 6월 10일

지 은 이 | 이재설
발 행 인 | 이광복
편집국장 | 김밝은

펴낸곳 | 사단법인 한국문인협회 月刊文學 출판부
주소 | 서울시 양천구 목동서로 225 대한민국예술인센터 1017호
전화 | 02-744-8046~7
팩스 | 02-743-5174
이메일 | klwa95@hanmail.net
등록 | 2011년 3월 11일 제2011-000081호
ISBN 978-89-6138-409-4 03810

값 8,000원